curiosidad?

Curious About es una publicación de
Amicus Learning, un sello de Amicus
P.O. Box 227, Mankato, MN 56002
www.amicuspublishing.us

Editores: Ana Brauer y Megan Siewert
Diseñadora de la serie: Kathleen Petelinsek
Diseñadora del libro e investigadora fotográfica: Emily Dietz

Library of Congress Cataloging-in-Publication Data
Names: Koestler-Grack, Rachel A., 1973- author.
Title: Curiosidad por el derribe de novillos / Rachel Grack.
Other titles: Curious about breakaway roping. Spanish
Description: Mankato, MN : Amicus Learning, 2025. | Series: Curiosidad por el rodeo | Includes index. | Audience: Ages 6–9 | Audience: Grades 2–3 | Summary: "Learn how cowboys and cowgirls (and their horses) compete in breakaway roping rodeo events in this Spanish question-and-answer book for elementary-aged readers. Translated into North American Spanish. Includes infographics, table of contents, glossary, and index"— Provided by publisher.
Identifiers: LCCN 2024022442 (print) | LCCN 2024022443 (ebook) | ISBN 9798892002912 (library binding) | ISBN 9798892002998 (paperback) | ISBN 9798892003070 (ebook)
Subjects: LCSH: Calf roping—Juvenile literature.
Classification: LCC GV1834.45.C34 K64418 2025 (print) | LCC GV1834.45.C34 (ebook) | DDC 791.8/4—dc23/eng/20240523
LC record available at https://lccn.loc.gov/2024022442
LC ebook record available at https://lccn.loc.gov/2024022443

Créditos fotográficos: Alamy Stock Photo/Chris Aschenbrener, 2, 6, Jim Parkin, 18, Michelle Gilders, 3, 20-21, Sindre Ellingsen, 17, Xinhua, 9; Associated Press/Jimmy May, 15; Dreamstime/Michael Turner, 2, 10, 13, 5, 16; Getty Images/AustralianLight, 14, FOTOGRAFIA INC, 7, RichLegg, 8, Robert Alexander, 11; Shutterstock/Diane Garcia, portada, 1; The Noun Project/1art, 19 (*arriba*), Adrien Coquet, 19 (*segundo desde abajo*), Amethyst Studio, 19 (*segundo desde arriba*), Eucalyp, 22-23 (*lazo*), izzul fikry, 19 (*abajo*), OURSEL Alexandre, 19 (*en medio*), Steve Laing, 22-23 (*silla*)

Impreso en China

¿Qué es el derribe de novillos?

Es un deporte de rodeo. Los **concursantes** a caballo enlazan un ternero. Se abre el corral. Un ternero corre hacia la arena. El enlazador sale disparado del cajón, lanza la cuerda y hace la captura. La cuerda se "desprende" del **cuerno de la montura**. *¡Tiempo!*

En los rodeos profesionales, los concursantes realizan habilidades de rodeo y equitación para tener la oportunidad de ganar un premio en dinero.

El derribe de novillos es un deporte femenino.

¿Quién puede hacerlo?

Practicar con una bala de heno permite a los enlazadores aprender a sujetar la cuerda.

¿LO SABÍAS?
Los enlazadores suelen practicar sus lanzamientos sobre balas de heno o un maniquí.

En los rodeos profesionales, el evento de derribe de novillos está reservada a las mujeres. Pero tanto chicos como chicas pueden competir en rodeos juveniles. Los niños pueden participar a partir de los nueve años. Pero empiezan a montar y a enlazar mucho antes. Montar a caballo requiere mucha práctica. Tener un buen caballo ayuda.

¿Los caballos tienen un entrenamiento especial?

Sí. Los caballos están tan bien entrenados que actúan sin órdenes. Saben cuándo despegar por la forma en que se mueve el enlazador. Se paran en cuanto ella tira. Muchos enlazadores utilizan caballos Cuarto de Milla. Son inteligentes y fáciles de adiestrar. Además, tienen la velocidad y la fuerza necesarias para lazar en fracciones de segundo.

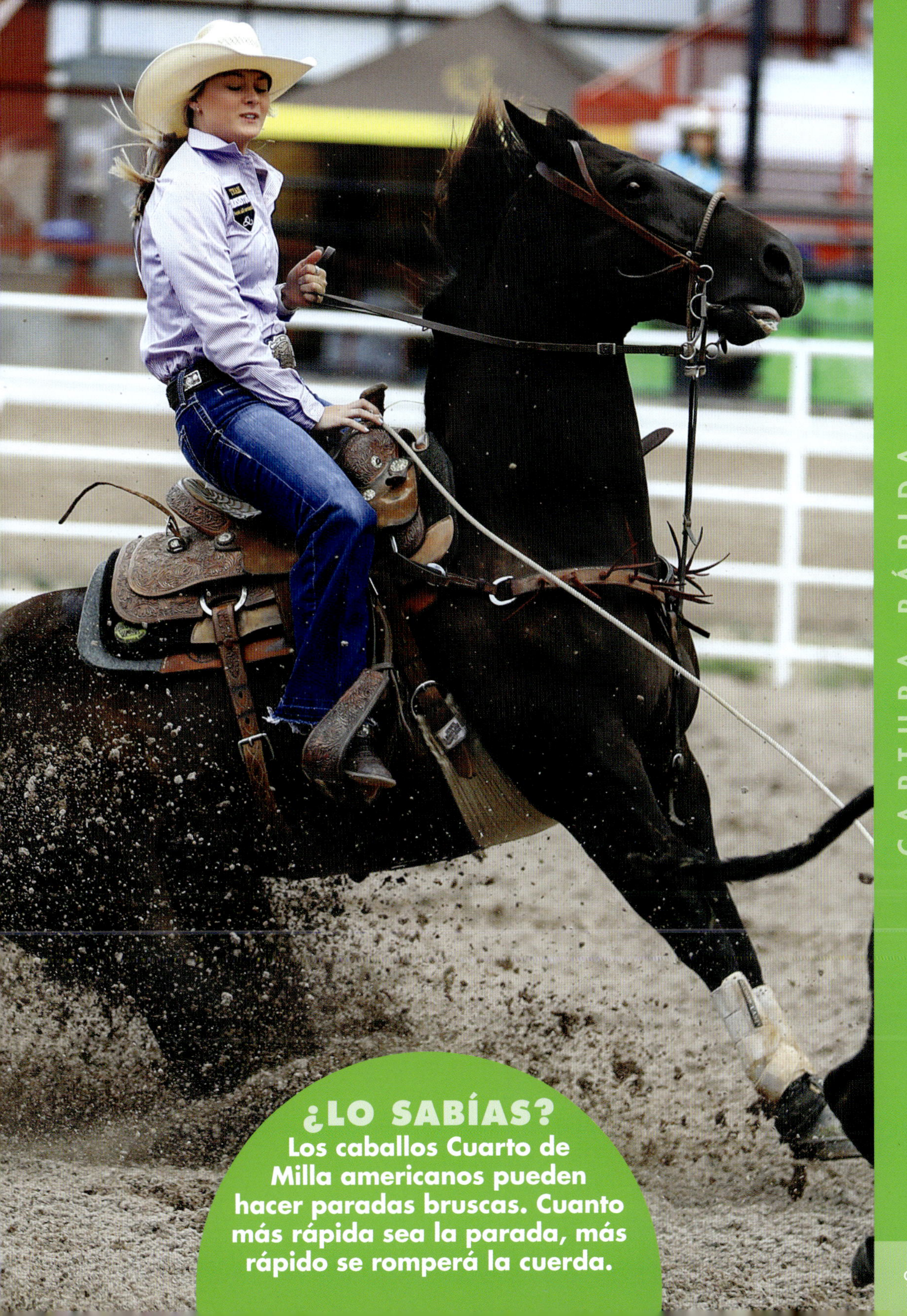

¿LO SABÍAS?

Los caballos Cuarto de Milla americanos pueden hacer paradas bruscas. Cuanto más rápida sea la parada, más rápido se romperá la cuerda.

¿Por qué el jinete empieza detrás de una cuerda?

El enlazador y su caballo esperan en el cajón a que el ternero empiece a correr.

Cajón

Barrera

Esa es la barrera. El jinete debe permanecer detrás de ella hasta que el ternero tome ventaja. Se ata una cuerda alrededor del cuello del ternero. Se suelta cuando el ternero alcanza cierta distancia. Esto hace que la cuerda de la barrera caiga. Empieza el reloj y comienza la persecución.

El ternero sale corriendo del corral. El caballo lo persigue en cuanto baja la barrera.

¿Cuándo enlaza el jinete al ternero?

Lo más rápido posible. Ella tiene una oportunidad de hacer una **captura de cuello de campana**. Apunta a la cabeza del ternero. Se balancea y lanza. La coge por el cuello. El caballo patina hasta detenerse. La cuerda se tensa. *¡Chasquido!*

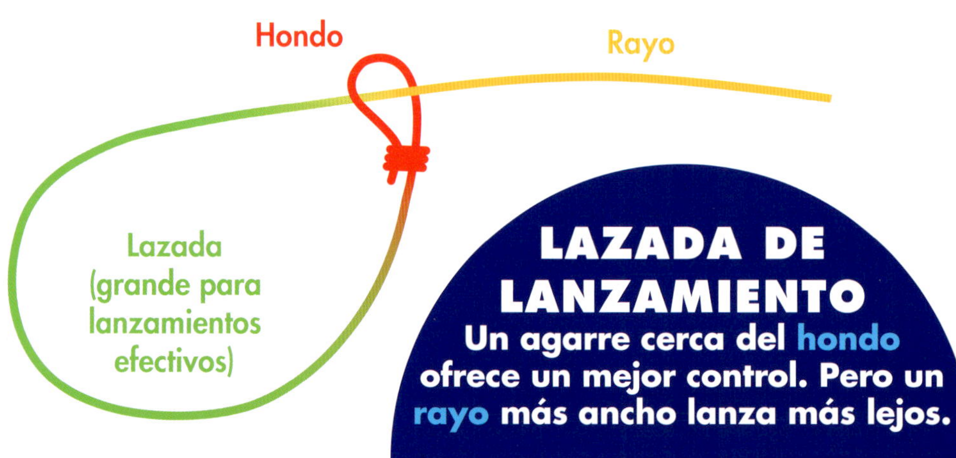

LAZADA DE LANZAMIENTO

Un agarre cerca del hondo ofrece un mejor control. Pero un rayo más ancho lanza más lejos.

La captura de cuello de campana es la única captura permitida en el derribe de novillos.

¿Por qué se rompe la cuerda?

La cuerda no se rompe realmente. Es una cuerda que rodea el cuerno de la montura. Los jinetes atan un cordel fino a la cuerda principal y la atan al cuerno. El brusco tirón del ternero rompe el cordel. La cuerda cae al suelo. El reloj se para.

Los participantes atan un cordel de colores y una bandera al extremo de su cuerda. Los colores ayudan a los jueces a ver mejor la cuerda.

CAPÍTULO TRES

¿Cómo cronometran los jueces a los enlazadores?

El derribe de novillos es un evento rápido. Las carreras suelen durar sólo unos 2-3 segundos.

Gana el tiempo más rápido. Pero las carreras tienen una diferencia de centésimas de segundo. Los jueces deben cronometrar el momento exacto en que se rompe la cuerda. Los jinetes atan banderas a la cuerda. Es más fácil verlas caer. Los jueces saben cuándo parar el reloj. ¡*Uno, dos*, y *tiempo*!

Los jueces cronometran cuidadosamente a los enlazadores para saber quién tiene el tiempo más rápido.

Ha roto la barrera. ¿Qué significa eso?

Los jueces ondean una bandera cuando se descalifica a un jinete. Una no puntuación también se llama "marcado".

¡Oh, no! Su caballo salió del cajón demasiado pronto. Eso añade una **penalización** de 10 segundos. ¡Ay! A veces los enlazadores reciben una "no puntuación". Ella rompió una regla diferente. Tal vez no hizo una captura justa. ¡Fuera del dinero esta vez!

1

ENLAZADOR TIRÓ LA CUERDA ANTES DE CRUZAR LA BARRERA

2

ENLAZADOR NO SOLTÓ LA CUERDA

3

ENLAZADOR NO HIZO UNA CAPTURA JUSTA

4

ENLAZADOR TOCA LA CUERDA DESPUÉS DE LA CAPTURA

5

ENLAZADOR TARDA MÁS DE 30 SEGUNDOS EN HACER UNA CAPTURA

¿Ganó?

Su caballo no rompió la barrera. Suelta la cuerda. ¡Fue una captura de cuello de campana! Ninguna otra parte del cuerpo quedó atrapada. Mantuvo sus manos fuera de la cuerda. Y terminó con el tiempo más rápido. Gana una hebilla. ¡Yee-haw!

A partir de 2024, el récord mundial de derribe de novillos es de 1,43 segundos.

HAZ MÁS PREGUNTAS

¿Qué edad hay que tener para enlazar?

¿Es difícil aprender a enlazar?

Prueba con una GRAN PREGUNTA: ¿Podría yo ser enlazador?

BUSCA LAS RESPUESTAS

Busca en el catálogo de la biblioteca o en el internet.
Pueden ayudarte tus padres, un bibliotecario o un maestro.

Uso de las palabras clave
Encuentra la lupa.

Las palabras clave son las palabras más importantes en tu pregunta.

¿

Si quieres saber sobre:

- a qué edad puedes empezar a enlazar, escribe: SOBRE EL ENLAZADO JUVENIL
- cómo enlazar, escribe: HABILIDADES DE ENLAZADO

Country & More
HWY. 99 GRIDLEY
Across the Street!
Casa Ramos
Kangen
DAVIS MACHINE SHOP, INC.
FULL SERVICE MACHINE SHOP
SPECIALIZE
LUBRICANT
Good people.

GLOSARIO

captura de cuello de campana Una lazada que aterriza alrededor del cuello del ternero solamente; la única captura que ganará puntos.

concursantes Personas que compiten entre sí en un evento deportivo.

cuerno de la montura La empuñadura alta en una silla de montar.

hondo El nudo atado en un lazo.

penalización Una marca que cuenta en contra de una puntuación.

rayo La distancia entre el hondo y tu mano.

ÍNDICE

Sobre la autora

Rachel Grack lleva veinticinco años escribiendo obras de no ficción para niños. Vive en un rancho en el corazón del país del rodeo (sur de Arizona). Algunas tardes, se acerca a ver a sus vecinos en competiciones amistosas de roping. Un restaurante del oeste de la ciudad ofrece semanalmente monta de toros y carreras de carneros. Pero Rachel prefiere pasear tranquilamente a lomos de su dócil caballo Lady.